SAINT ANTHELME

PREMIER GÉNÉRAL DE L'ORDRE DES CHARTREUX

ET

ÉVÊQUE DE BELLEY

DISCOURS

PRONONCÉ DANS LA CATHÉDRALE DE BELLEY, LE 3 JUILLET 1878

A L'OCCASION

DU SEPTIÈME CENTENAIRE DE SAINT ANTHELME

Par Mgr PAULINIER

Archevêque de Besançon

BESANÇON

OUTHENIN-CHALANDRE FILS ET Cie

IMPRIMEURS DE MONSEIGNEUR L'ARCHEVÊQUE

1878

SAINT ANTHELME

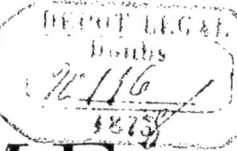

PREMIER GÉNÉRAL DE L'ORDRE DES CHARTREUX

ET

ÉVÊQUE DE BELLEY

DISCOURS

PRONONCÉ DANS LA CATHÉDRALE DE BELLEY, LE 3 JUILLET 1878

A L'OCCASION

DU SEPTIÈME CENTENAIRE DE SAINT ANTHELME

Par Mgr PAULINIER

Archevêque de Besançon

BESANÇON
OUTHENIN-CHALANDRE FILS ET Cie
IMPRIMEURS DE MONSEIGNEUR L'ARCHEVÊQUE

1878

PANÉGYRIQUE
DE
SAINT ANTHELME

PRONONCÉ DANS LA CATHÉDRALE DE BELLEY

Le 3 Juillet 1878

> *Divisiones gratiarum sunt... unicuique autem datur manifestatio Spiritus ad utilitatem.*
>
> Les grâces de Dieu sont multiples... et les dons du Saint-Esprit sont donnés à chacun suivant les besoins de l'Eglise.
>
> (I *Cor.*, xii, 4 et 7.)

Eminence, Messeigneurs, Nos très-chers Frères, [1]

Il y a deux siècles et demi, presque à pareil jour, la cité de Belley était comme aujourd'hui le théâtre d'une imposante manifestation.

Jean de Passelaigne, que Dieu venait de préposer à votre Eglise pour la consoler du départ du spirituel ami de l'évêque de Genève, avait voulu mettre les prémices de son épiscopat

---

[1] S. Em. le Cardinal Caverot, archevêque de Lyon, NN. SS. De Langalerie, archevêque d'Auch, Pichenot, archevêque de Chambéry, Richard, archevêque de Larisse, coadjuteur de Paris, Marchal, évêque de Belley, Magnin, évêque d'Annecy, Mermillod, évêque d'Hébron, Gros, ancien évêque de Tarentaise, Fava, évêque de Grenoble.

sous la protection d'un de vos saints les plus illustres et donner ce saint pour patron spécial au diocèse.

Des miracles aussi nombreux qu'éclatants, parmi lesquels on comptait la résurrection d'un mort, avaient glorifié les vertus de saint Anthelme, et pourtant ses précieux restes reposaient encore au fond d'une tombe obscure, modeste, et n'avaient pas été placés sur vos autels.

Le nouveau pontife voulut donner au thaumaturge une demeure plus digne de lui. Il fallut reconnaître l'authenticité de ses reliques, et le 26 juin 1630 fut choisi pour leur solennelle élévation.

Une foule immense et silencieuse était réunie autour du tombeau. Tout à coup un cri de joie se fait entendre. La pierre soulevée laissait voir Anthelme revêtu de ses ornements épiscopaux que la mort avait en partie respectés. Dieu n'avait pas voulu *que le saint qu'il s'était choisi connût complétement la corruption du sépulcre* (1), et une odeur suave venait de se répandre dans les nefs de la basilique comme une émanation des vertus de votre pontife, ou, si vous l'aimez mieux, comme un parfum des prières que le nouvel Onias *n'avait cessé d'offrir* depuis sa mort *pour son peuple et pour toute la cité* (2).

Les saintes reliques, enfermées dans une châsse précieuse, parcourent vos rues au milieu d'un concours immense, et devant ce cortége triomphal, des aveugles voient, des paralytiques marchent, des fiévreux sont guéris, une vertu mystérieuse s'échappant de ces ossements sacrés comme autrefois de la robe de Jésus opère les plus éclatantes merveilles.

Dès ce jour solennel le culte des reliques d'Anthelme prend un caractère national. La piété de vos pères, excitée par des prodiges incessants, veille avec une sollicitude jalouse à la garde du palladium de leur cité. Si, pendant une horrible tempête, des mains impies veulent vous ravir ce trésor, la Providence de Dieu

(1) Ps. xv, 10. — (2) II Mach., xv, 14.

le dérobe à leur rage. On brise le magnifique autel élevé par un de vos évêques, on le dépouille des somptueux *ex voto* dont la reconnaissance du peuple l'avait enrichi, on fait même rouler dans la poussière la tête du saint ; mais les reliques sont sauvées ; et plus tard, quand le siége épiscopal de Belley est rétabli, grâce à l'influence du nom de saint Anthelme, son quarante-quatrième successeur, de douce et vénérée mémoire (1), renouant la chaîne glorieuse de vos pontifes, consacre et immortalise son épiscopat en renouvelant l'anniversaire deux fois séculaire de l'élévation des reliques de votre bien-aimé patron.

Le pieux et savant évêque que Dieu vous a donné dans ces derniers temps pour pasteur s'est inspiré de ces traditions du passé, et il a voulu, en célébrant avec une solennité exceptionnelle ce nouveau centenaire d'Anthelme, ajouter un riche fleuron à la couronne de gloire que sept siècles ont attachée à son front.

De nombreux pontifes se sont levés à son appel.

Un éminent cardinal, complétant la pensée d'un de ses glorieux prédécesseurs sur le siége de saint Irénée (2), a donné hier la dernière illustration à cette église, en faisant couler l'huile sainte sur ses murs. Deux illustres archevêques, dont vous avez eu l'honneur et la joie d'être les enfants, l'ont aidé de leurs suffrages. Un noble prélat qui, il y a une année à peine, consacrait dans le vieux manoir de Chignin, le berceau d'Anthelme, est auprès de ses frères vénérés. L'éloquent et héroïque exilé de Genève a prêté à cette cérémonie le charme toujours éblouissant de sa parole. L'évêque préposé à la garde des restes de sainte Chantal et de saint François de Sales, si chers à l'église de Belley, s'est empressé d'accourir avec le successeur de saint Pierre de Tarentaise, dont nous saluons la verte vieillesse et le cœur toujours

---

(1) Monseigneur Devie.
(2) S. Em. le Cardinal Fesch après avoir visité, en 1813, les reliques de S. Anthelme promit d'en faire l'année suivante la translation solennelle. Les événements politiques empêchèrent la réalisation de cette promesse.

dévoué; et l'infatigable héritier du siége de saint Hugues a tenu à honneur de représenter ici la famille cartusienne qui vénère en lui un père bien-aimé.

Appelé, Nos TRÈS-CHERS FRÈRES, à porter devant vous la parole dans cette fête centenaire, nous n'avons d'autre titre à ce périlleux honneur que les liens de métropolitain qui nous attachent à votre église, et nous nous sommes demandé comment nous accomplirions une mission que votre évêque bien-aimé aurait pu confier, parmi tant d'éloquents prélats, à une voix plus digne que la nôtre.

La parole de saint Paul que nous avons choisie pour texte, va nous fournir l'idée générale de cet éloge.

Tous les saints ont une mission commune, qui est de reproduire en eux, à l'aide de la grâce, la vie de Notre-Seigneur Jésus-Christ. Mais les grâces de Dieu sont multiples et se traduisent par des effets différents, *divisiones gratiarum sunt*. Dieu s'est choisi, en effet, des prophètes, des apôtres, des confesseurs, des martyrs, des vierges, pour l'édification et l'utilité de son Eglise, et les dons du Saint-Esprit sont accordés à chaque saint pour l'accomplissement de la mission spéciale qu'il a reçue, *unicuique datur manifestatio Spiritus ad utilitatem*.

Quelle est la mission spéciale et en harmonie avec les besoins de son époque que Dieu a donnée à saint Anthelme?

Il a été un grand moine et un grand évêque. C'est à ce double point de vue que nous vous proposons d'étudier sa vie.

I

Nos utilitaires modernes, pour qui la possession de l'or est la seule véritable richesse et le plaisir ou le bien-être l'unique loi de la vie, nous posent cette question : A quoi servent les moines ? Quand ils voient au fond d'une pauvre cellule des hommes dont les mœurs contrastent avec les exigences de notre civilisation, vêtus d'une robe de bure ou de laine, la tête rasée, usant d'une nourriture grossière, préférant librement aux voluptés sensuelles les joies pures de l'esprit, ces prétendus sages branlent la tête et ne rencontrant là ni des producteurs selon leurs vues matérielles, ni des consommateurs de leurs produits luxueux, ils demandent avec dédain quelle peut être l'utilité de ces hommes ?

La première moitié de la vie de saint Anthelme va répondre à cette question.

Expier à force d'austérités les souillures d'un monde coupable, en même temps qu'on appelle sur ce monde, par la prière, la miséricorde de Dieu ; guérir les plaies du paupérisme par la charité ; soutenir l'Eglise dans ses luttes par l'héroïsme de la sainteté et les ardeurs du zèle, tel est le triple rôle confié au monachisme dès l'origine de cette institution : rôle à la fois religieux et social, qu'il continue à travers les siècles et que notre illustre saint a admirablement rempli au milieu de nous pendant la période du moyen-âge, trop souvent calomniée par des esprits incapables d'apprécier sa grandeur.

Suivez-nous, Nos très-chers Frères, dans le développement de ces trois idées.

Il y a dans l'efficacité de la souffrance humaine un mystère que la sagesse du monde ne comprendra jamais et dont le dogme chrétien de la réversibilité des mérites nous donne seul la solution.

Notre-Seigneur Jésus-Christ a sauvé le monde par la souffrance. La sublimité de ses enseignements, l'éclat de sa sainteté, la grandeur de ses miracles prouvent la divinité de sa mission ; mais ce sont les abaissements de Bethléem, les labeurs de Nazareth, les angoisses de Gethsémani et du prétoire, et les tortures de la croix qui opèrent notre rédemption. Les larmes de la sainte victime sont l'eau de notre baptême, son sang est le prix de notre délivrance, sa mort notre vie, et nous ne faisons que traduire la sublime théologie de saint Paul : *In quo habemus redemptionem per sanguinem ejus* (1).

Eh! bien, Nos Très-chers Frères, suivant la doctrine du même apôtre, Dieu a voulu associer l'humanité régénérée à son œuvre rédemptrice et les saints sont appelés *à compléter dans leur chair ce qui manque à la Passion de Notre-Seigneur Jésus-Christ* (2).

Cette doctrine, aussi profonde que vraie, ne nous explique pas seulement le rayonnement du front des martyrs des trois premiers siècles, mais aussi le besoin d'expiation qui, lorsque le sang chrétien cesse de couler, pousse des milliers d'âmes d'élite vers les solitudes du Nil et leur fait même exagérer quelquefois les conseils de l'Evangile avec un enthousiasme que peut seul expliquer le désir d'être des co-rédempteurs.

Les souffrances volontaires des anachorètes n'ont pas été moins fécondes, même au point de vue social, que les tortures des martyrs.

A ceux qui nous demanderaient ce que faisaient les Paul, les Antoine ou les Siméon Stylite, avec leurs austérités qui effraient notre délicatesse et scandalisent peut-être notre raison, nous répondrons sans hésiter qu'ils sauvaient la société de leur temps; et si le monde romain ne disparut pas plus tard complétement écrasé sous les pas des barbares, si une civilisation plus belle et plus pure se leva sur les débris de l'ancienne civilisation, c'est parce que les macérations du désert, se mêlant au sang des amphithéâtres, furent dans la balance de la justice de Dieu un contrepoids suffisant aux orgies de Rome impériale.

Le sensualisme païen ne disparut pas avec les autels des idoles. La concupiscence de la chair continua ses ravages ; il fallait donc que la rédemption par la souffrance fût aussi continuée.

L'Orient avait été jusqu'au sixième siècle le théâtre de la pas-

(1) Ephes., i, 7. — (2) Coloss., i, 24.

sion de Notre-Seigneur Jésus-Christ complétée par les rigueurs de la vie monastique. Saint Benoît établit cette vie dans l'Occident. La souffrance volontaire et libre prend ici une autre forme. La peine du travail et de l'obéissance remplace les austérités des stylites incompatibles avec les exigences de notre climat; mais voilà qu'au onzième siècle un homme, ayant peut-être le pressentiment des ravages du sensualisme de nos jours, éprouve le besoin d'ajouter aux sévérités de la règle bénédictine et de faire revivre à certains égards les grandes expiations du désert.

Cet homme s'appelait Bruno.

La plupart de ceux qui nous écoutent ont visité les maisons cartusiennes jetées aux flancs de vos montagnes ou dans les replis de vos vallées, et ce n'est pas dans la patrie de saint Anthelme qu'il est nécessaire de raconter les expiations des fils de saint Bruno.

L'isolement de la cellule, le silence presque continuel, la perpétuité de l'abstinence, la sévérité des jeûnes, la pauvreté et l'incommodité des vêtements, le froid des nuits sans sommeil, n'est-ce pas la lutte incessante de l'esprit contre la chair pour en étouffer et réparer les désordres, et la prière sortant la nuit et le jour de toutes les poitrines n'est-elle pas un puissant moyen d'appeler sur notre monde sensuel la miséricorde divine quand la justice a été satisfaite par de rigoureuses expiations ?

Ce besoin d'expiation et de prière tenta l'âme ardente d'Anthelme.

L'élévation de sa naissance et les commencements de sa vie ne faisaient pas deviner cette vocation.

Fils d'un de vos nobles seigneurs, héritier d'un grand nom et d'abondantes richesses, entouré de bonne heure de toutes les séductions, il hésita un moment sur la voie qu'il devait choisir; et si, grâce à l'éducation chrétienne qu'il avait reçue de sa mère, il quitta bientôt les livrées du siècle pour devenir prêtre de Jésus-Christ, les dignités ecclésiastiques dont il fut immédiatement revêtu par deux évêques se disputant l'honneur de l'atta-

*

cher à leur église, semblaient devoir l'éloigner de l'obscurité du cloître cartusien.

L'heure de la grâce ne tarda pas à sonner.

Il était allé visiter un jour votre chartreuse de Portes. Le calme de la solitude, le recueillement des religieux passant devant lui silencieux comme des ombres, la majesté des cérémonies, les psalmodies graves et pieuses, tout prédispose son âme à entendre l'appel de Dieu dont la main l'a conduit au désert.

Il y avait là un vénérable solitaire, joignant, comme tous les saints, à l'expérience des hommes et des choses une pénétration profonde pour discerner les voies de Dieu. D. Bernard de Varin — c'était le nom du prieur de Portes — pressent en voyant le jeune Anthelme ses futures destinées. Il lui peint les douceurs de la vie religieuse, les joies austères de la pauvreté, les saintes voluptés de la souffrance, les ravissements de l'oraison, et Anthelme séduit par sa parole et surtout par le Verbe divin qui lui révèle intérieurement ses volontés adorables demande et revêt l'humble robe des chartreux.

Il commençait à peine cette vie d'expiation et de prière, lorsqu'une horrible avalanche, dont le voyageur peut constater encore aujourd'hui les ravages près de la célèbre chapelle de Saint-Bruno, vint jeter la consternation parmi les enfants du grand désert. Six religieux avaient péri, broyés par les rochers et ensevelis sous les neiges. Il fallait relever les ruines matérielles, et, ce qui est plus difficile, ranimer les énergies. Le jeune novice est choisi pour cette double mission.

Il n'y a dans aucun ordre monastique d'obéissance plus parfaite que celle des chartreux. Elle va, d'après les constitutions, jusqu'au delà de la règle, *suprà regulam*. Anthelme n'hésite donc pas à la voix qui l'appelle, et peu de temps après, le sixième prieur de l'ordre étant mort, il reçoit malgré sa jeunesse sa laborieuse succession.

C'est là que l'attendait la Providence. Elle n'avait pas voulu faire de lui un simple moine, quelque glorieux que soit le rôle de co-rédempteur confié à chacun des soldats de cette légion. Elle l'appelait à l'honneur de coopérer d'une manière plus large et plus efficace à l'œuvre religieuse et sociale que nous venons d'indiquer, en affermissant un ordre naissant à peine, mais qui devait se multiplier et se perfectionner pour concourir au salut du monde par l'expiation et la prière.

La paternité des saints, Nos TRÈS-CHERS FRÈRES, a une fécondité merveilleuse.

Grâce à l'influence du nouveau prieur, un immense mouvement s'opère dans la famille cartusienne. Des novices affluent de toutes parts. Le père d'Anthelme, le vieux seigneur Ardouin, vient se placer sous sa direction dans ce monastère où un autre de ses fils l'a précédé. Un troisième quitte l'Orient où il combat parmi les croisés pour s'enroler dans la nouvelle milice. Guillaume, l'illustre comte de Nevers, attiré par l'odeur des parfums qui s'exhale de la solitude des Alpes, vient lui demander un abri en attendant de s'y endormir bientôt dans la paix du Seigneur. La France n'est pas le seul théâtre de ces merveilles. Les chartreuses se multiplient partout, *la solitude tressaille et fleurit* (1), selon l'expression d'un prophète, et ces nouvelles créations, au lieu d'affaiblir la discipline monastique, la voient s'épanouir plus belle et plus forte, grâce à un acte important que nous devons signaler.

Les maisons de Saint-Bruno étaient restées jusqu'alors indépendantes sous la direction des évêques diocésains. Le temps était venu de les réunir par un lien commun, afin de leur donner plus d'unité et une stabilité plus parfaite. Mais Anthelme hésitait devant la moindre modification du plan primitif de saint Bruno. Il cède pourtant aux inspirations du Saint-Esprit et aux instances de ses frères. Un premier chapitre de l'Ordre est convoqué, et la famille cartusienne reconnaît par acclamation

(1) Is., xxxv, 1.

dans le septième prieur de la grande Chartreuse son premier Général.

Cet acte, qui devait avoir une influence décisive sur les destinées de l'ordre, ayant placé Anthelme à la tête de sa famille religieuse, il comprend encore mieux que dans sa cellule de Portes, le double but de l'institution, l'expiation et la prière, et il consacre ses efforts à donner à ces deux moyens de régénération toute leur efficacité.

Un homme, dont le souvenir restera toujours vivant dans la mémoire des enfants de saint Bruno, et que saint Bernard lui-même honora de son affection, don Guigues, avait écrit quelques années auparavant les statuts et coutumes de l'Ordre. Ces statuts, où reluit une admirable sagesse, sont imposés par Anthelme à toutes les maisons déjà existantes ou que son influence fait surgir, et leur observation générale imprime si profondément dans l'âme de chaque religieux l'esprit de saint Bruno leur père que, tandis que toutes les congrégations monastiques ont connu dans la suite des temps des défaillances, toute réforme intérieure a été jusqu'ici inutile dans l'ordre cartusien.

Loin de nous la pensée, Nos TRÈS-CHERS FRÈRES, de vouloir amoindrir la gloire de saint Bruno ! L'auréole qui resplendit au front de l'illustre enfant de Cologne ne perdra jamais rien de son éclat, et l'Eglise ne cessera de reconnaître en lui avec admiration et amour le vrai fondateur d'une des plus grandes merveilles de la vie cénobitique. Mais la brièveté de son séjour dans la première solitude qu'il s'était choisie l'empêcha de donner la dernière perfection à son œuvre. Ce sera l'éternel honneur d'Anthelme de l'avoir achevée, et si, comme nous le croyons, les austérités et les prières des chartreux retombent encore aujourd'hui sur le monde comme une rosée de bénédictions, il nous est permis d'en faire remonter la source après Dieu et saint Bruno jusqu'au premier général de l'ordre et de saluer dans votre illustre moine un des sauveurs du monde présent.

Une horrible plaie nous dévore. Le sensualisme exerce au milieu de nous ses ravages avec une puissance jusqu'ici inconnue, et nous nous demandons quelquefois devant cette résurrection de la corruption païenne comment celui qui fit descendre sa pluie de feu sur Sodome ne fait pas sentir davantage les jugements de sa justice à un peuple plus coupable, puisque éclairé de sa lumière et engraissé de son amour, ce peuple foule aux pieds ses bienfaits.

Nous n'hésitons pas à l'affirmer de toute l'énergie des convictions que nous donne notre foi, ce sont les continuateurs de la passion de Jésus-Christ dans le monde, et par conséquent à leur tête les fils d'Anthelme et de saint Bruno, qui détournent de nous les coups de cette justice.

Un empereur demandait un jour à un seigneur persan converti qui voulait se retirer au désert : Que vas-tu donc faire dans cette solitude ? — Je vais prier pour l'empire, répondit le moine Aphraate ! — Nous prions pour l'Eglise et pour la France ! pourraient nous dire aujourd'hui les successeurs des solitaires d'autrefois. Ils font plus : ils souffrent et ils expient pour elles ! Que nos utilitaires ne comprennent rien à la grandeur de cette double mission, nous ne n'en sommes pas surpris. Il leur manque un sens, le sens chrétien, pour pénétrer le mystère. Laissons-les donc insulter, en savourant les délices de la vie, à ce qu'ils appellent l'oisiveté et l'inutilité des moines ! Nos moines pardonnant à leurs insulteurs continueront de prier et de souffrir pour racheter leur sensualisme, et leurs expiations et leurs prières feront plus que tous les progrès matériels pour le bonheur, non-seulement de l'Eglise, mais de la patrie et du monde.

Les monastères sont autre chose que des lieux de prière et d'expiation. La charité y a établi son asile. On ne vit jamais le malheur frapper en vain à leur porte, et comme la grâce n'étouffe pas dans le cœur des moines le patriotisme, c'est surtout dans les calamités publiques que leur dévouement se manifeste avec plus d'éclat.

La Providence va se servir d'une de ces calamités pour révéler sous un nouvel aspect la grande âme d'Anthelme.

Un des plus terribles fléaux, la famine, faisait à cette époque dans vos régions des apparitions fréquentes. La culture des terres, autres que celles des monastères, étant ordinairement négligée, il suffisait de l'invasion d'une partie du territoire par un seigneur ambitieux ou d'une pauvre récolte pour affamer les populations; et il ne faut pas oublier que les communications étaient peu faciles, qu'on n'avait pas pour se défendre les ressources des importations, et que les sciences économiques n'avaient pas fait les progrès dont le siècle moderne se glorifie.

Or, de violentes tempêtes venaient de succéder sur vos montagnes à une sécheresse prolongée. La grêle avait haché vos arbres et ravagé vos champs. D'après vos historiens, le pauvre peuple n'avait plus de pain, et la désolation était d'autant plus grande, que les semences même manquaient pour préparer la moisson prochaine.

Une multitude épuisée vint demander des secours au monastère de Portes, où était retourné Anthelme après s'être démis du généralat dont la responsabilité lui avait paru trop redoutable. A la vue de ces créatures hâves, exténuées par de longues privations et n'ayant plus qu'un souffle de vie, son cœur se brisa, et il se demanda, comme Jésus sur le lac de Tibériade, où trouver des ressources pour nourrir tous ces malheureux.

La charité monastique est audacieuse; elle ne craint rien, elle espère tout. Anthelme ne se préoccupe donc point de l'avenir de ses religieux. Comptant sur la Providence qui sait rendre toujours avec usure ce qu'on donne aux deshérités de la vie, il commence par distribuer toutes les provisions du monastère, proportionnant les aumônes aux besoins de ceux qui les sollicitent. Il n'hésite pas ensuite à se dépouiller de ses économies tenues en réserve pour servir à de nouvelles constructions. Il vend jusqu'aux ornements de son église, se souvenant que saint Ambroise a substitué aux calices d'or des vases de bois et de verre, afin de rassasier la faim et de couvrir la nudité de ses frères en Jésus-Christ; et quand tous les moyens sont épuisés, il tombe à genoux, implorant le secours de celui qui multipliait les pains au désert par sa bénédiction féconde, et un miracle récompense l'héroïsme de sa charité.

Nous ne savons pas, Nos très-chers Frères, si au récit de ces faits nos utilitaires persisteront à demander à quoi servent les moines? Quand ils auront trouvé le secret de remplacer utilement ces institutions bienfaisantes, quand nous les verrons sacrifier eux-mêmes, non pas le nécessaire comme Anthelme, mais simplement le superflu, nous prendrons le temps d'examiner si leurs déclamations sont sérieuses. Jusque-là, la vie d'Anthelme nous semble un argument en faveur de l'utilité des ordres monastiques qu'on n'a pas encore réfuté.

Remarquez bien que sa conduite pendant la famine du Bugey n'est pas un fait isolé dans l'histoire de la famille cartusienne. Anthelme a soufflé sur elle son esprit, et ses nobles enfants sont restés dans tous les temps fidèles aux traditions de leur père.

Ouvrez leurs annales! Les faits ont un langage éloquent.

Possesseurs de vastes domaines que leurs mains ont fécondés, ils n'ont pas cessé pendant près de huit siècles de répandre sur ceux qui souffrent le fruit de leurs sueurs, et quand la révolution les a dépouillés des forêts et des pâturages qu'ils convertissaient en trésor pour les indigents, ils ont demandé à la flore des Alpes le secret de soulager encore la pauvreté. Ils ont extrait de quelques brins d'herbe un baume plus merveilleux que celui de Galaad célébré par un de nos prophètes, et ce baume a servi à cicatriser bien des plaies et, par lui, la charité cartusienne a coulé sans interruption des cîmes de vos montagnes comme un fleuve de bénédictions.

Nobles enfants de saint Bruno, laissez-nous vous saluer de l'enthousiasme de notre âme! Dieu nous a établi votre père pendant quelques années dont nous ne perdrons jamais le souvenir. Nous avons été le confident de vos pensées et le témoin de vos œuvres. Nous avons vu les séminaires enrichis, les villages incendiés se relever de leurs ruines, d'innombrables églises bâties, les presbytères restaurés, les écoles construites, les missions des campagnes encouragées, les pauvres toujours accueillis, les grandes calamités nationales adoucies par vos royales aumônes. Nous avons recueilli les larmes de joie de l'orphelin et de la veuve que vous aviez consolés. Nous avons entendu le cri des pauvres travailleurs racontant vos louanges. Des acclamations sont arrivées jusqu'à nous des quatre vents de l'espace, car votre charité ne s'emprisonne pas dans les limites d'une seule région, et ces larmes, ces cris, ces louanges, ces acclamations, sont la réponse victorieuse que nous jetons du haut de cette chaire aux blasphèmes contemporains contre les moines et contre l'Eglise catholique qui inspire leur dévouement.

Le monachisme a une troisième mission à remplir au sein de la société chrétienne. Il s'est montré toujours un des champions les plus intrépides de l'intégrité de notre foi.

Depuis Antoine, le premier abbé prêchant à la tête d'une armée de solitaires sur les places publiques d'Alexandrie en faveur du mot *consubstantiel*, jusqu'aux grands docteurs des quatrième et cinquième siècles qui ont écrit des livres admirables et sont presque tous sortis des rangs monastiques, que de magnifiques exemples suffisent pour assigner aux moines la place la plus glorieuse parmi les défenseurs de l'orthodoxie!

L'ordre de Saint-Bruno n'a pas été dans toute l'acception du mot un ordre d'apôtres ou de docteurs; c'est surtout par les austérités et la toute puissance de la prière qu'il a combattu l'erreur. Mais pourtant, Nos très-chers Frères, il a eu un jour un rôle à remplir dans cette lutte, et grâce au zèle d'Anthelme, l'Eglise de Rome lui doit un de ses triomphes les plus éclatants.

Le saint religieux toujours humble venait de quitter de nouveau le monastère de Portes, pour se dérober aux honneurs du priorat dont on l'avait revêtu, et il s'enivrait au désert de Saint-Bruno des joies inénarrables du silence et de la contemplation, quand il fut contraint tout-à-coup de se consacrer aux intérêts catholiques dans la grande affaire du schisme qui troubla le règne d'Alexandre III.

C'est une noble figure que celle de ce pontife, et l'impiété elle-même s'est vue forcée de s'incliner devant sa grandeur.

Alexandre venge les droits des peuples avec autant d'autorité qu'il réprime les crimes des rois. Il abolit dans un concile l'esclavage. Défenseur, comme tous les papes, des vrais intérêts de l'Italie, il voit se grouper autour de lui les villes de la péninsule menacées dans leur indépendance. Il se montre aux yeux de l'Europe protecteur de toutes les nations opprimées. Incarnation vivante de la justice, il force Henri II, roi d'Angleterre, à demander pardon à Dieu et aux hommes du sang de Thomas Becket, mais il achète cette gloire par vingt ans d'exil, de proscriptions et de luttes. Nous avons vu de nos jours un pape partager avec lui ce privilége glorieux.

Le jour même de son élection, Alexandre proclamé vicaire de Jésus-Christ par la presque unanimité des suffrages voit tout-à-coup un rival se dresser devant lui. C'est le cardinal Octavien qui, recourant comme tous les usurpateurs à la force brutale, fait ouvrir les portes de la basilique vaticane et s'intronise non pas en vertu de l'autorité de saint Pierre, mais de celle de l'empereur Frédéric Barberousse sous le nom à jamais abhorré de Victor III.

Alexandre est forcé de quitter Rome, et l'empereur l'appelle à un concile à Pavie pour y faire examiner la légitimité de sa cause. Le vrai pontife de Jésus-Christ répond avec dignité par l'éternel *non possumus* ? L'Eglise romaine, dit-il, juge toutes les autres églises et n'est soumise à aucun jugement ! et il refuse, comme ont fait et feront tous les papes, de laisser violer dans sa personne le privilége donné à saint Pierre par Notre-Seigneur Jésus-Christ.

Hélas! Nos très-chers Frères, des prélats courtisans ne comprennent pas ce noble courage. Ils s'inclinent sans rougir devant la volonté d'un empereur qui prétend déposer la tiare sur le front qu'il a lui-même choisi. Le schisme se propage, l'Europe s'émeut, l'Occident tout entier se divise, et l'Eglise voit surgir une de ces horribles tempêtes qui peuvent bien agiter la barque de Pierre, mais qui ne la feront jamais sombrer sous les flots.

D'où lui viendront l'espérance et le salut?

Nous le disons à la louange des enfants de Saint-Bruno; ils se lèvent les premiers pour travailler au sauvetage du céleste navire, et Dieu bénit leur dévouement.

La science et la sainteté d'Anthelme étaient connues. On le prie de proclamer et de soutenir l'autorité légitime, il n'hésite pas. Il quitte sa cellule, il va trouver Geoffroy, le pieux abbé d'Hautecombe, un des religieux les plus éloquents de l'ordre de Citeaux, et ils unissent leurs efforts. En vain l'empereur poursuit Anthelme de sa haine, en vain l'antipape le frappe de ses anathèmes impuissants, rien n'ébranle son énergie. Il prêche la légitimité de l'élection d'Alexandre, repousse le schismatique et ses fauteurs, et ramène au bercail des prélats et des peuples qui s'en sont éloignés. Les deux congrégations de Citeaux et de la Chartreuse marchent sur les traces de leurs chefs; tous les ordres religieux suivent leurs exemples; en un clin d'œil la France, l'Espagne, l'Angleterre se rangent sous la houlette de l'unique et véritable pasteur, et Anthelme put entendre plus tard les acclamations du monde saluant le retour de la paix de l'Eglise à laquelle il avait si puissamment concouru.

Aujourd'hui, Nos très-chers Frères, le temps des schismes semble passé. L'unité de l'Eglise ne fut jamais plus forte, et il y a quelques mois à peine, quand un des plus illustres pontifes descendit dans la tombe au milieu de la stupeur universelle et des larmes de la catholicité, tandis que des hommes ennemis croyaient voir surgir à l'horizon une grande tempête, jamais le ciel ne resta plus pur, Léon XIII s'assit paisiblement sur la chaire de Pie IX, et les peuples tombèrent à genoux, et du septentrion et du midi, et du couchant et de l'aurore, pas une voix ne s'éleva pour protester contre l'élection.

Mais si, grâce à Dieu et à l'union de l'épiscopat, les schismes ne sont plus possibles, la haine de la papauté n'est pas éteinte et l'on ne cesse de rêver autour de nous sa destruction.

Où trouvera-t-elle ses plus intrépides défenseurs? Dans les Ordres monastiques. Ils se montrent dignes de leur passé. L'impiété contemporaine l'a bien compris, et quand nous la voyons poursuivre ces Ordres de ses attaques et réclamer, au nom d'une étrange liberté, leur proscription, nous avons le secret de ses fureurs sacriléges; elle sait que la pierre fondamentale de l'Eglise n'a pas et n'aura jamais de plus solides appuis.

La troisième mission d'Anthelme était terminée. Il venait de rentrer dans sa chère solitude, croyant y retrouver la paix et le silence; mais Dieu qui selon l'expression d'un prophète, aime à *faire resplendir la lumière du sein des ténèbres* (1), *voulut placer ce flambeau sur un chandelier pour qu'il projetât au loin ses rayons* (2). Le moine va devenir évêque et c'est sur ce nouveau théâtre que nous allons étudier son action.

II

L'Eglise de Belley était veuve de son pasteur, Ponce de Thoire, et les chanoines s'étaient divisés sur le choix de son successeur.

Au milieu des incidents d'une lutte que nous n'avons pas à raconter, le nom d'Anthelme est prononcé dans le chapitre. La sainteté de la vie du moine, sa prudence, son affabilité, son zèle

---

(1) II Cor., IV, 6. — (2) Matth., V, 15.

pour les intérêts de l'Eglise n'étaient un secret pour personne dans le Bugey. Un cri unanime s'élève; toutes les divisions cessent; on a reconnu dans la voix qui vient de jeter ce nouveau nom la voix même de Dieu.

Il fallait triompher de l'humilité du saint, qui ignorait au fond de sa cellule l'honneur dont il était menacé. On a recours au Pape, regardé comme le juge suprême de toutes les controverses. Alexandre voyant dans cette élection une révélation manifeste de la volonté divine, la confirme en vertu de son autorité apostolique et demande à l'humble religieux de s'incliner sous le fardeau.

Nous n'essaierons pas de vous dépeindre les luttes d'Anthelme. Les députés de l'Eglise de Belley viennent le presser de leurs supplications, les moines ses frères le conjurent d'écouter la voix de Dieu, le prieur ordonne; Anthelme prie, il pleure, il cherche à se dérober par la fuite, et espérant enfin triompher de la volonté du Pape, il va se jeter à ses pieds. Là il allègue son indignité, il prétexte son ignorance, il fait valoir la solennité de ses vœux, mais Alexandre lui rappelle le devoir de *l'obéissance, meilleure que tous les sacrifices* (1). A ce mot, Anthelme est vaincu; il se relève sous les bénédictions du pontife et, le jour de la fête de la Nativité de la Sainte-Vierge, il reçoit à Bourges, des mains du Pape lui-même, l'onction de l'huile sainte sur son front.

L'épiscopat s'est montré toujours fidèle à la mission qu'il a reçue de régir l'Eglise de Dieu. Notre-Seigneur Jésus-Christ continue par lui son action sur le monde, et ce n'est pas seulement dans l'ordre intellectuel et moral que l'influence de l'évêque se révèle. Il embrasse dans son amour d'autres besoins des peuples, il réclame contre toutes les oppressions, il venge tous les droits méconnus et malgré les assertions de quelques sophistes qui

(1) I Reg., xv, 22.

voudraient dénaturer les enseignements de l'histoire, nous pouvons affirmer que les origines et les progrès de la civilisation moderne sont dus véritablement à l'épiscopat catholique.

Cette action de l'épiscopat, qui illumine de sa clarté les époques les plus brillantes de notre histoire, se fait sentir surtout au moyen-âge. La vie sociale semble s'être réfugiée alors dans les profondeurs du sanctuaire. L'Eglise seule dirige les destinées des peuples ; elle éclaire leur ignorance, elle favorise leurs développements, elle conserve leurs traditions, et pour ne citer qu'un exemple que nous pourrions appliquer à une foule de cités et de provinces, les annales de Belley et du Bugey sont-elles en grande partie autre chose que les annales de votre épiscopat ?

C'est à ces divers points de vue que nous voulons étudier l'épiscopat d'Anthelme, et il nous est permis de saluer en ce noble pontife, au milieu d'une époque à demi barbare, le propagateur de la vérité, le gardien de la morale et le défenseur de la liberté et du droit.

Le premier bienfait d'un évêque selon le cœur de Dieu, est de nourrir son troupeau de la science et de la doctrine : *Dabo vobis pastorem juxta cor meum, et pascet vos scientiâ et doctrinâ* (1).

Quand la nuit de l'ignorance menaçait d'envahir le monde, l'épiscopat catholique devait moins que jamais manquer à cette mission. C'est donc de la chaire des évêques et des écoles créées par eux que les rayons de la vérité jaillissent.

Anthelme comprend ainsi le devoir de sa nouvelle dignité. Le Verbe de Dieu, la vérité par essence, lui a révélé ses secrets, *denudabit absconsa sua illi* (2), il a mis en lui un trésor de sagesse et d'intelligence : *thesaurisabit super illum scientiam et intellectum* (3). Le moine s'est associé au fond de sa cellule, par des études sérieuses, au mouvement intellectuel imprimé par saint

---

(1) Jerem., III, 15. — (2) Eccli., IV, 21. — (3) Ibid.

Bernard à son siècle, et il n'est pas resté étranger à la grande lutte théologique contre les erreurs d'Abailard.

Devenu évêque, Anthelme ne *retient pas la vérité captive* (1), et tous les jours de son épiscopat sont consacrés à épancher sur les peuples les lumières dont il est le foyer.

Vous le montrerons-nous, dès le lendemain de sa consécration, s'empressant de visiter ceux que la Providence a confiés à sa houlette, parcourant les villes, les campagnes et le dernier de vos hameaux, gravissant au milieu des neiges vos rochers les plus escarpés? *Qu'ils sont beaux, les pieds de cet apôtre, qui va à travers les montagnes évangéliser la paix* (2)! Comme Jésus-Christ, l'Evêque des évêques, il sait qu'il est envoyé pour répandre la doctrine de vie. Il instruit les ignorants, il catéchise les petits et les pauvres, il converse familièrement avec les humbles de cœur. En expliquant à tous les mystères de Dieu, il leur donne, ce que ne font pas nos sages, la science du devoir et, par un de ces prodiges que le sacerdoce de Jésus-Christ peut seul opérer, il rend populaires les vérités les plus hautes.

Retracerons-nous ici la rectitude de vues qu'il porte dans la direction du clergé et des intelligences d'élite, l'exactitude de la doctrine, grâce à laquelle il devine les sophismes les plus captieux contre la Trinité et expose le dogme avec une parfaite précision, la science des saintes Ecritures, qui ravit à Bourges la cour du pape Alexandre et fait demander aux cardinaux : D'où vient à cet homme tant de sagesse : *Unde huic sapientia hæc* (3)? enfin cette éloquence entraînante qui agit sur les multitudes et peut seule nous expliquer, avec le secours de la grâce, les succès de son apostolat ?

Mais un fait particulier appelle notre attention.

Les mille voix de la presse préconisent aujourd'hui comme une des conquêtes de l'esprit moderne la diffusion de l'instruction parmi le peuple. Les évêques catholiques n'ont pas attendu

---

(1) Rom., I, 18. — (2) Is., LII, 7. — (3) Matth., XIII, 54.

jusqu'au temps présent pour répandre ce bienfait. Dociles à la parole du Maître, qui leur a dit dans la personne des Apôtres : *Allez, enseignez* (1) *!* ils ont été toujours jaloux de remplir cette magnifique mission. Quand personne ne songeait encore aux deshérités de la science, et tandis que des sages proclamaient plus tard que le peuple ne mérite pas d'être instruit, ils recueillaient à l'ombre de leur palais ou de leur cathédrale, non seulement les fils des nobles seigneurs, mais les enfants du pauvre ; ils allumaient des foyers d'instruction près de l'église de chaque monastère ou du moindre de nos hameaux, et — nous n'hésitons pas à le dire — car l'histoire est là pour l'attester, le vent de la révolution a emporté plus d'écoles que la libre-pensée n'a réussi et ne réussira peut-être à en élever de nos jours.

Anthelme, comme tous les évêques de son temps, a créé parmi vous et multiplié les écoles, et remarquez, comment il répandait ce bienfait. En même temps qu'il faisait donner dans ces écoles, aux enfants du pauvre, avec ce qu'on appelle aujourd'hui l'instruction professionnelle, un enseignement toujours moralisateur, parce que l'idée de Dieu l'éclairait de sa lumière, cet enseignement était autrement gratuit que dans l'application de nos théories contemporaines. Quelque nombreuses en effet que fussent les écoles, elles n'augmentaient point par des impôts ruineux les charges du pauvre peuple et ne grevaient d'autre budget que celui de la charité. N'avons-nous pas le droit de demander à nos philanthropes modernes si ce double avantage compromettait en quelque manière les progrès de la civilisation ou le bonheur matériel de l'ouvrier et de sa famille ?

L'évêque ne porte pas seulement la lumière. *Sel de la terre* (2), selon la parole de Jésus-Christ, il doit la purifier de la corruption. Anthelme n'oublie pas cette nouvelle obligation de l'épiscopat, et il croit que le moyen le plus efficace de régénérer les

(1) Matth., xxviii, 19. — (2) Matth., v, 13.

peuples est de conserver ou de ressusciter dans l'ordre sacerdotal l'esprit de sa vocation.

Nous abordons sans crainte une question délicate.

Des hommes haineux jettent un cri de triomphe chaque fois qu'ils rencontrent une honte dans l'histoire du sacerdoce. Nous pourrions leur demander si quelques taches isolées sont pour des esprits sérieux des arguments contre la sainteté de nos doctrines, et s'ils auraient à nous montrer une association d'hommes quelle qu'elle soit qui pendant dix-huit siècles révèle moins de défaillances morales et plus d'héroïques vertus.

Nous ne contesterons donc pas quelques douloureuses exceptions. Le prêtre participe, comme tous les hommes, aux effets de la déchéance originelle. L'onction de l'huile sainte qui coule sur ses mains ne détruit pas en lui les infirmités de la nature, et il y a çà et là des époques où la sainteté sacerdotale brille d'un moins vif éclat.

Lorsqu'Anthelme s'assit sur le siége épiscopal de Belley, la simonie et l'incontinence souillaient le sanctuaire. En vain Grégoire VII avait essayé d'extirper ces chancres hideux qui dévoraient l'Eglise. La plaie saignait encore malgré ses efforts, et deux de vos saints évêques, Ponce de Balmet et Bernard de Portes n'avaient pu réussir à la cicatriser parmi vous.

Cette œuvre était réservée à Anthelme.

A l'exemple de Notre-Seigneur Jésus-Christ, il veut agir avant de parler, *cœpit facere* (1). Il croit que la vie de l'évêque doit être la forme de la vie de son clergé, et, pour que sa prédication par l'exemple soit plus fructueuse, il garde dans sa nouvelle dignité toutes les habitudes austères du moine.

Il s'est réservé une modeste cellule dans la partie la plus retirée de son palais. Un cilice couvre ses reins; les veilles, les jeûnes, le silence, la psalmodie quotidienne avec ses chanoines font ses délices. Il étonne par sa fidélité à la règle cartusienne, au

---

(1) Act., i, 1.

milieu des travaux de son épiscopat. Humble sans affectation, paternel sans faiblesse, ferme sans raideur, il édifie le clergé et le peuple par la piété la plus suave ; et quand il monte à l'autel pour offrir le redoutable sacrifice, des larmes coulent de ses yeux, son visage se transfigure et tous les assistants auraient pu répéter la parole de David : *Nous avons vu l'ange de Dieu placé entre le ciel et la terre, afin d'intercéder pour nous* (1).

Mais ce premier moyen de réforme n'est pas suffisant.

Vous le savez, Chers et Vénérés Coopérateurs, quand le sel de la terre s'est affadi dans une portion de l'héritage du Seigneur, c'est à l'aide des synodes que l'Eglise cherche à lui rendre sa vertu. Anthelme a donc ouvert pour son clergé une de ces assemblées synodales. Ses pieux biographes nous ont conservé les sublimes inspirations qu'il trouva dans son cœur d'apôtre, et nous sommes heureux de répéter dans cette église restaurée les accents sept fois séculaires qui nous apprennent combien était grande à ses yeux la dignité du prêtre : « Ecoutez, dit-il, tribu de Lévi, race sacerdotale, famille de sanctifiés, chefs et gardiens de la bergerie de Jésus-Christ, écoutez nos avertissements et nos prières ! Saint Pierre vous appelle la nation choisie, un sacerdoce royal ; vous êtes les médiateurs de Dieu et des hommes ! Je dis plus : vous êtes des dieux parmi les hommes et le nom d'anges vous a été donné parce que vous consacrez et touchez à l'autel ce que les anges adorent ! Mais n'oubliez pas les devoirs que ces titres glorieux vous imposent ! » Et alors le saint évêque racontant avec un cœur plein de tristesse la dégradation du prêtre qui, ne comprenant pas sa dignité, s'abaisse au-dessous de l'animal sans raison, signale tous les désordres, flétrit tous les abus, essaie de ranimer la discipline expirante et menaçant de ses anathèmes ceux qui n'écouteraient pas ses avis paternels, il redonne aux canons de l'Eglise l'autorité qu'ils ont perdue.

Nous pourrions ajouter que les ordres religieux n'échappent

---

(1) I Paral., xxi. 16.

pas à sa sollicitude. Il voit dans les maisons monastiques avec la portion privilégiée de la vigne de Jésus-Christ un puissant élément de sanctification pour les peuples, et dans ses fréquentes visites au désert de Saint-Bruno et par ses communications avec les diverses chartreuses écloses sous son influence, il entretient dans l'ordre tout entier comme dans l'ordre sacerdotal le feu sacré qu'y a allumé son zèle.

Grâce au renouvellement du sacerdoce et de la sainteté de la ferveur monastique, le Bugey tout entier subit en peu de temps une transformation merveilleuse. De nouvelles églises sont bâties ; les peuples retrouvant leur confiance pour leurs pasteurs se pressent autour de leur chaire pour recueillir leur parole ; la foi et la piété renaissent partout et Anthelme dépose ainsi sur votre noble terre le germe de cet esprit chrétien dont nous admirons encore aujourd'hui la riche floraison et que, par la vertu de son intercession, le souffle des mauvaises doctrines ne pourra jamais étouffer.

Passons, Nos TRÈS-CHERS FRÈRES, au troisième bienfait de ce glorieux épiscopat.

Le régime féodal a eu ses gloires, mais comme tous les régimes il a eu aussi ses abus. De petits souverains inquiets et remuants se regardaient trop souvent comme investis dans leurs propres domaines d'un pouvoir absolu ; et du sein de leurs châteaux devenus le foyer d'une tyrannie capricieuse, ils se livraient sans contrôle à de déplorables vexations.

Dans une société chrétienne, la force brutale pouvait-elle primer impunément le droit ? Le droit méconnu et outragé devait-il rester sans défenseur ? Non, Nos TRÈS-CHERS FRÈRES, et nous le disons avec une sainte fierté, au milieu de trop nombreux abaissements, l'épiscopat catholique resta debout pour venger la cause de la vraie liberté et de la justice. Le serf et le vassal dépouillés, le pauvre sans appui, le prêtre, le clerc, la veuve, l'orphelin vinrent s'abriter avec bonheur sous ce puissant patronage. Leurs larmes ne coulèrent pas stériles, leur cri de détresse fut toujours entendu, et l'on vit le glaive du suzerain obligé de s'abaisser dans l'intérêt des opprimés devant la crosse de l'évêque.

Anthelme eut à réprimer plus d'une fois pour le bien de son peuple les violences si fréquentes à son époque de voisins ambitieux, et l'étude de ces répressions ne serait pas sans intérêt; mais dans une occasion plus solennelle il ne craignit pas de prendre en main la cause de la justice non plus seulement contre quelque seigneur obscur, mais contre la redoutable puissance d'Humbert, comte de Savoie.

C'est là un des traits de son éloge qui nous apprend l'énergie incomparable de l'âme d'un évêque, quand il s'agit du devoir.

Le comte, malgré la *bulle d'or* octroyée par l'empereur Frédéric, qui donnait à l'évêque de Belley des droits souverains, avait fait saisir un de ses prêtres. Anthelme proteste contre cet abus de pouvoir, et il envoie Guillaume, évêque de Maurienne, pour réclamer le captif. Le préposé du comte ayant refusé sa délivrance, l'évêque le frappe de ses censures, et il arrache malgré lui le prêtre à sa prison. Malheureusement la victime est poursuivie et son sang coule sous le glaive de quelques sicaires, croyant accomplir la volonté de leur seigneur. Anthelme veut venger cette mort et, à la stupéfaction de ceux qui l'entourent accoutumés à courber le front devant la violence, il excommunie le comte lui-même jusqu'à ce que l'iniquité soit réparée.

Humbert s'était déclaré pour le Pape dans la lutte du schisme. Il se plaint donc à Alexandre en invoquant les témoignages de dévouement qu'il lui a donnés, et le Pape qui aimait le comte de Savoie charge quelques évêques voisins d'apaiser la colère d'Anthelme. Anthelme demeure inflexible. « Le crime des grands, dit-il, ne mérite pas de rémission tant que la justice n'est pas satisfaite; le Pape lui-même dans l'exercice légitime de son pouvoir de délier ne peut se soustraire à cette loi ! »

Alexandre trompé par de faux rapports continue de vouloir l'absolution du coupable. Que fait l'évêque ? Habitué à l'obéissance, il ne résiste pas à la volonté du chef suprême de l'Eglise, mais il quitte pendant la nuit son siége épiscopal et va redemander au désert sa pauvre cellule de chartreux.

Les couleurs nous manquent pour peindre la désolation du clergé et du peuple au bruit de cette fuite volontaire. On explique au Pape la vérité et celui-ci reconnaissant la sagesse d'Anthelme lui ordonne de retourner à sa chère église de Belley.

Le comte s'était empressé d'accourir aux pieds de l'évêque, et il avait même reçu son pardon. Mais la mémoire des grands est quelquefois fragile : Humbert semble oublier le lendemain ses promesses ; un évêque n'oublie pas son devoir. Les portes de l'église restent donc fermées au coupable qui, nous le disons à sa louange, n'osa pas recourir à la violence pour les forcer.

Quelle sera la solution de cette lutte ? De longs mois s'écoulent sans qu'un changement s'opère dans les dispositions du comte. Sachons attendre ! l'heure de Dieu sonnera et le triomphe du droit et de la liberté de l'Eglise prendra un caractère solennel.

Faisons silence pour assister à une scène imposante !

Anthelme va mourir et ses prêtres émus sont rangés autour de sa couche.

Tout à coup un bruit de pas précipités se fait entendre. C'est le comte Humbert qui entre dans la cellule du mourant ! Son visage est pâle ; il tombe à genoux, il confesse sa faute ; les larmes qui coulent de ses yeux proclament la vérité de son repentir ; il accepte toutes les expiations nécessaires. Le saint évêque se dresse sur son lit et lève ses mains tremblantes : « Que le Dieu tout puissant, dit-il, Père, Fils et Saint-Esprit répande sur vous ses bénédictions et ses grâces ! Qu'il vous fasse croître et multiplier vous et votre fils ! » On croit que le malade délire ; car Humbert n'avait qu'une fille ; on l'avertit tout bas. Alors son œil s'anime, il répète avec plus de solennité les mêmes paroles. Comme le patriarche Jacob, il avait été illuminé à l'heure de son agonie d'un rayon prophétique. Sa bénédiction va devenir féconde. Oui la gloire d'Humbert *croîtra :* revenu de ses erreurs il sera placé un jour sur les autels. Ce n'est pas assez, Dieu donnera un fils au comte repentant, et ce fils ranimera contre toute espérance la souche d'une grande famille qui, conservant les traditions chrétiennes de sa race, consolera l'Eglise jusqu'à des temps rapprochés de nous, et jettera sur le nom de la maison de Savoie une illustration que n'augmentera pas hélas ! sa nouvelle couronne.

Nous ne savons pas, Nos Très-chers Frères, s'il serait facile de trouver dans l'histoire une page plus belle, un spectacle plus émouvant. C'est la glorification du principe chrétien de la civilisation moderne, c'est l'abdication de la force brutale et le triomphe du droit. C'est le plus beau couronnement de la vie d'un saint moine que les rois visitaient dans sa cellule (1), et d'un grand évêque que les Papes choisissaient pour médiateur des rois (2). C'est l'acte courageux qui fera insérer dans son épitaphe ce titre mille fois plus resplendissant que celui de prince du saint Empire : A l'intrépide vengeur de la liberté de l'Eglise, *libertatis ecclesiasticæ strenuo vindici !*

Dieu devait glorifier son serviteur non-seulement au milieu de ses élus dans le ciel, mais aux yeux des hommes sur la terre. Il s'est servi de la voix des miracles, et le nom de thaumaturge a été donné à Anthelme par les acclamations de tout un peuple étonné de la multiplicité des faits surnaturels accomplis par son intercession : *Anthelmo thaumaturgo !*

Le temps ne nous permet pas de dérouler sous vos yeux les pages de cette épopée merveilleuse. D'ailleurs les prodiges d'An-

(1) Louis VII, roi de France, jaloux de témoigner à Anthelme sa reconnaissance de sa conduite dans l'affaire du schisme, alla, à son retour du concile de Toulouse, le visiter dans son désert.

(2) Le pape Alexandre III le choisit, en 1169, comme médiateur entre Henri II, roi d'Angleterre, et son chancelier Thomas Becket.

thelme sont ici vivants dans tous les souvenirs. Nous ne rappellerons qu'un bienfait gravé par la reconnaissance de vos pères sur la pierre de son tombeau :

Si Belley n'a rien souffert jusqu'à ce jour des guerres, des incendies et des pestes, elle reconnaît, ô Anthelme, que c'est à vous qu'elle le doit. (1)

C'est pour perpétuer la mémoire de cette préservation miraculeuse que votre cité s'est engagée par un vœu à rendre des honneurs perpétuels à votre immortel pontife :

Urbs tua perpetuos tibi voto sacrat honores.

Honneur à vous, nobles habitants de Belley !
Dans ce siècle où rien ne s'oublie si vite que les bienfaits ; vous êtes restés fidèles au serment fait par vos ancêtres. Ce riche et magnifique monument, ces colonnes qui montent, ces ogives qui se croisent, ces vitraux qui resplendissent, ces flots d'harmonie qui ruissellent, les guirlandes de feuillages et de fleurs transformant vos rues en un arc immense de triomphe, vos joyeuses illuminations, les foules émues qui se pressent, ne sont-ce pas autant d'explosions sublimes de votre gratitude et de votre foi ?

Tandis que les administrateurs d'une grande cité française cherchaient, il y a quelques jours, à effacer du cœur du peuple le souvenir d'une autre délivrance accomplie aussi par un évêque, vos administrateurs, mieux inspirés, ont voulu s'associer à vos généreux élans, et je crois être l'écho de vos âmes en leur disant du haut de cette chaire, au nom de tous ces pontifes et au vôtre : Honneur à vous !

Honneur aux représentants de la magistrature et de l'armée

(1)   *Hactenus illæsum per bella, incendia, pestes,*
        Bellicium, o Anthelme, tibi debere fatetur!

qui ont bien voulu célébrer, eux aussi, cette fête nationale!

Honneur au vénéré chapitre, à votre clergé si grand par ses lumières et ses vertus! Honneur au diocèse tout entier, dont l'amour pour saint Anthelme s'est traduit depuis dix jours en manifestations solennelles!

Honneur surtout et bénédiction à votre éminent pontife, qui donne la consécration la plus belle à son jeune épiscopat, déjà si fécond en merveilles! à son frère bien-aimé en qui saint Anthelme a trouvé enfin un historien! à l'illustre cardinal et à ces nobles pontifes qui couronneront tout à l'heure cette fête en répandant sur vous leurs paternelles bénédictions!

Mais le vœu de vos pères vous impose un devoir.

Dieu nous a donné des patrons pour que leur intercession nous protége et que nous recourions à eux surtout dans les jours mauvais.

Ne traversons-nous pas en ce moment une heure de ténèbres?

S'il n'y a plus de *guerres* sanglantes, il y a la *guerre* non moins terrible de l'erreur contre la vérité, du mal contre le bien, de l'esprit d'indépendance contre l'autorité de l'Eglise, du naturalisme contre Jésus-Christ, des négations de l'athéisme contre la grande affirmation de Dieu.

Ne voyons-nous pas se rallumer sous nos yeux l'*incendie* des passions les plus mauvaises dont une presse antisociale ne cesse d'activer les fureurs?

La *peste* des criminelles doctrines ne menace-t-elle pas d'envahir les nouvelles générations?

Bienheureux Anthelme, continuez au milieu de ce bon peuple l'œuvre que vous avez accomplie autrefois. Ecartez de lui tous ces fléaux destructeurs! Si l'erreur doit faire encore des victimes dans nos grandes cités françaises, conservez à ce diocèse la simplicité des mœurs; la force des convictions, l'énergie indomptable de la volonté, la fidélité à ses traditions religieuses! et, le jour où la France retrouvera sa splendeur, parce qu'elle reconnaîtra de nouveau la royauté de Jésus-Christ, puissent les enfants du Bugey répéter le vieux cri de vos pères :

> Hactenus illæsum per bella, incendia, pestes
> Bellicium, o Anthelme, tibi debere fatetur !

Amen.

Besançon. — Imprimerie Outhenin-Chalandre fils et Cie.

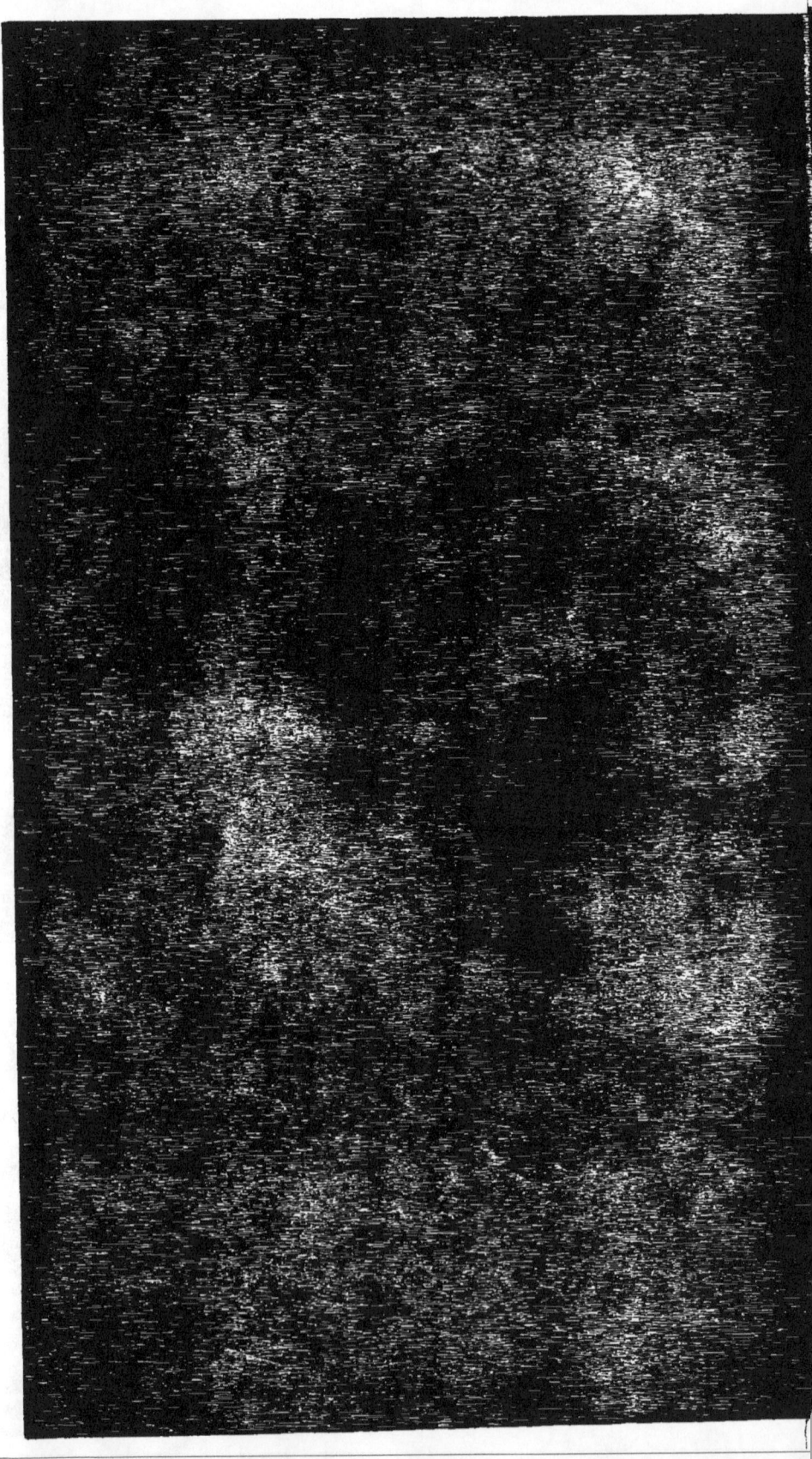

www.ingramcontent.com/pod-product-compliance
Lightning Source LLC
Chambersburg PA
CBHW061002050426
42453CB00009B/1225